ⓒ이정민

군 신

물가죽 북

애지시선 023
물가죽 북

2008년 12월 10일 초판 1쇄 발행

지은이 문신
펴낸이 윤영진
기 획 유용주 박수연 한창훈 이정록
편 집 함순례
디자인 함광일 이경훈
홍 보 한천규
펴낸곳 도서출판 애지
등록 제 2005-5호
주소 300 -170 대전광역시 동구 삼성동 125-2 4층
전화 042 637 9942
팩스 042 635 9941
전자우편 ejiweb@hanmail.net

ⓒ문신 2008
ISBN 978-89-92219-17-4 03810

* 저자와의 협의에 의해 인지를 생략합니다
* 이 책 내용의 전부 또는 일부를 재사용하려면 저자와 애지 양측의
  동의를 받아야 합니다
* 이 책은 2006년 한국문화예술위원회 창작지원금을 받았습니다

애지시선 2023

물가죽 북

문신 시집

□ 시인의 말

 요 며칠 천방지축이라는 말이 내내 머릿속에 들었다. 天方地軸. 못난 사람이 종작없이 덤벙이는 일이나, 너무 급하여 허둥지둥 함부로 날뛰는 것을 일컫는 말이다. 내가 그랬다. 그동안…….
 그러나 다시 생각해도 천방지축이다. 하늘과 땅이 그러할진대, 하물며 나까짓 정도야 천방지축의 시늉만으로도 벅차다. 여기에 모은 시편들은 천방지축하고자 하였으나 종작없이 덤벙이기만 했다. 어쩌면 천방지축을 주문처럼 외고 살아야 할지도 모를 일이다.

2008년 11월
문신

차례

시인의 말　005

제1부
참깨꽃　011
어린 물고기는 풀잎을 물고　012
목련, 달빛을 봉하다　014
서슬이 거기 있었다　016
빗방울 꽃　018
새물내　020
시리다, 눈　022
적막　023
살구꽃　024
물가죽 북　026
세수법　028
스윽, 지나간다　030
배꼽이 피었더라지　031

제2부
귀울음 035
진통이라는 말 036
바람의 무늬 038
나무 040
코끼리 무덤 042
뒤축을 꺾다 044
노숙 046
아직은 아녀 048
찔레나무 050
곶감 053
늙어간다는 것 054
바위를 옮기다 056
뚜껑 058

제3부
문안 065
남도횟집 066
빨간 모자를 쓴 사내 068
도배를 하다가 070
작은 손 072
힘의 균형 076
다도해 078
연꽃무늬 文身 080

시도 때도 없이 눈물, 동백 082
別 084
우리의 생활 086
강가에서 088
풍경風磬 끝에 매달린 물고기나 되어 090
낮달 093

제4부

독작 097
매화차 한 잔에 눈 멀고 098
따뜻한 유물 화로 100
노을, 그 빛나는 그물 102
발을 묶다 104
부음 106
숲으로 가는 곰 인형 108
한낮 110
좌익 112
족적 114
밥상 116
첫눈 117
저물녘 118

해설 | 이희중 121

제1부

참깨꽃

참깨꽃 보면 오래 묵은 범종 같다
당목撞木으로 두드리면 부처님 말씀이 서 말 하고도 한 닷 되쯤은 쏟아질 것 같다

저기 저 한 뙈기도 안 되는 비탈밭 가득 참깨꽃 피었다
범종이 무릇 일만 송이는 된다

쳐라, 바람아
부처님 설법을 깨알 같은 필체로 옮겨 적어 마침내 팔만대장경을 일구리라

어린 물고기는 풀잎을 물고

  큰물 진 뒤 개울가에 나가볼 일이다
  물풀들이 낭창낭창하게 곡선을 이루며 일제히 하류쪽으로 휘어져 있을 것이다

  물풀의 마음을 헤아려볼 일이다
  물살에 휩쓸리지 않으려고 제 잎을 꼭 물고 있는 어린 물고기들의 눈망울을 차마 외면하지는 못한 탓이다

  어린 물고기는 풀잎을 물고
  풀잎은 물고기의 마음을 고스란히 읽어내고 있을 것이다

  그런 곳에 가서는 함부로 첨벙첨벙 뛸 일이 아니다
  놀란 물고기들이 풀잎을 놓치면
  멀어져가는 물고기를 바라보는 풀잎과
  풀잎을 바라보는 물고기의 사이에는 우주 하나쯤 들어설 거리가 생길 것이다
  이를테면 생사의 거리쯤 될 터인데

하여 이제는 큰물 진 뒤 개울가에 나가볼 일이다
풀잎이 일제히 물결을 따라 눕는 것을 볼 수 있을 것이다

풀잎 끝에서 물결처럼 찬란하게 반짝이는 것들이 있거들랑 눈여겨 볼 일이다

살아남기 위해 이 악물고 버티는 어린 물고기들이 젖꼭지 빨듯 풀잎을 꼭 물고 늘어지는 것을 볼 수 있을 것이다

목련, 달빛을 봉하다

한지寒地에서 삼동을 났다
소식이 여전하므로 마음이 헐거웠다
낡은 신발 한 켤레
축 맞춰 안쪽으로 돌려놓고
마룻장 위 발자국을 지웠다
낯선 방에서 뒤척임이 오래 갔다
새벽녘에 가까운 숲에서
적막을 놓치는 소리가 났다
필경 서툰 짐승이리라
저물녘에는 바람이 골짜기를 건너
북쪽으로 몰려갔다
꼬리털 몇 낱 목련 가지에 걸려 울었다
물끄러미 듣다가 괜히 귓불만 도타워졌다
한밤에 달빛 몇 타래 끊어다가
구구절절하여 한 폭에 다 못 쓰고
차곡차곡 결을 따라 접어 두었다
헐거워진 마음이 환해지도록 넣어 두었다

낮과 밤이 고르게 모인다는 춘분날 아침
문 열어보니 뜻하지 않은 소식이 왔다
검은 가지마다 목련
나 말고 누가 밤새 달빛을 접어 봉해 두었을까
차마 펼쳐보지 못할 사연임에 틀림없다
비로소 한 켤레 낡은 신발의 축을
바깥으로 돌려 놓는다

서슬*이 거기 있었다

서슬이란 말을 모르고 살았다

깨진 유리조각을 줍다가 피를 보고 나서야
서슬이 거기 있었음을 알았다

투명한 물컵 하나가 박살났을 뿐인데
특공대원들처럼 우르르 쏟아져 흩어지는 서슬들
그 서슬을 줍다
날 세운 서슬에 놀랐다

처음부터 서슬은 서슬이 아니었듯
서슬과 서슬을 맞대보면
거기 서슬은 없다

감쪽같이 하나의 둥근 물컵만이 있을 뿐

생각해보면 가끔 마음이 어긋나 오래 토라져 있던 날이

있었다
    마지못해 맞대놓고 있었던 우리의 서슬들
    빗금의 각도로 우리는 서로에게 예리함을 겨누고 있었다

    * 쇠붙이로 만든 연장이나 유리조각 따위의 날카로운 부분

빗방울 꽃

남쪽에서 길을 놓치고 민박집에 들다
늦게까지 불 켜두고 축척지도의 들길을 더듬다
쩌렁쩌렁 난데없는 소리에 억장 무너지다

알고 보니 민박집 양철 지붕에 빗방울 떨어지는 소리
아니, 야음을 틈타 양철 지붕에 꽃잎 피어나는 소리
꽃잎 자리에 얹힌 허공이 앗 뜨거라, 후닥닥 비켜 앉는 소리
깊은 밤 먼 골짜기에 잠든 귀 어두운 뿌리도 들으라고
쩌렁쩌렁 울리는 소리

민박집 방에 걸린 농사달력은 곡우穀雨
이 빗방울 스미는 자리마다 꽃잎 꽃잎
묻어둔 뿌리를 깨우는 소리 쩌렁쩌렁
양철 지붕에 꽃잎 피어나는 소리

내 안까지 적셔내는 소리

내 안에서 꽃잎 피어나는 소리

민박집 나서며 바라본 처마 끝 낙수 자리
꽃잎처럼 둥글게 피어서
꽃잎들이 묻어둔 뿌리까지 스민 흔적

새물내

세탁소에서 갓 찾아온 옷에서는 새물내가 나지 않는다

문득 새물내 나는 옷 입고 싶다
새물, 이라는 말만 들어도 얼마나 입어보고 싶어서 안달이 나는가!
잘그랑거리는 냇물에 예닐곱 번도 더 담가졌을 것이다
물결의 무늬가 여러 겹으로 시루를 얹으면
빨랫줄에 매달려 한나절 푹 쪄야만 비로소 새물내 얻을 수 있었으리
밋밋한 소맷부리에는 하늘 그림자도 슬몃 발자국 놓았으리

떡시루를 탁 엎었을 때처럼
잘 개켜놓은 빨래에서는 새물내가 몽긋 피어오른다
새물에는 물의 무늬들이 오글오글하여
가만히 코끝을 대보면 물풀들의 마음이랄지
어린 송사리 떼의 오랜 일렁임 같은 것들이 까슬까슬

하다
 새물을 입는 것은 물의 무늬를 입는 것

 그러나 새물내의 완성은 물의 무늬 너머에 있다
 딱 한 번 보았을 것이다
 우리 엄마 빨래터에서 빨랫방망이 두드리다가
 팽, 하고 코 푸는 척 눈물 두어 방울 냇물에 흘려보내는 것을
 눈물의 무늬가 물결의 무늬를 슬그머니 밀어내던 것을

시리다, 눈

남쪽으로 길을 잡아 민박집에 들다
낯바닥 위로 스멀스멀 기어가는 소리가 있다
격자무늬 창살에 그림자 스미어
손가락으로 짚어가며 가갸거겨 읽는다
읽고 읽어서 펴놓은 독본이 나달나달하다
담벼락을 훌쩍 건너온 옆집 감나무 가지가
또박또박 짚어가는 곳마다 감꽃 열린다
따라가며 가갸거겨 읊는다
그 다음 문장이라며 낭창한 회초리 휜다
가슴속에 휘우듬한 자국 하나 남는다
한나절
꿇어앉아 책만 읽었더니, 시리다
눈

적막

전깃줄에 새 한 마리 앉아 있다

허공을 가로질러 산 너머로 전기를 나르는 한 가닥 전깃줄에
새 한 마리 없었다면
전깃줄은 혼자서 얼마나 적막했을 것인가

지잉지잉 울면서 고개를 넘어간 전기가
외딴집 처마 밑에 붉은 알전구 하나 불 밝혀놓을 때까지

새는
전깃줄에 앉아
적막 같은 제 알을 그렁그렁 실어 보낼 것이다

살구꽃

 해마다 4월이면 쌀 떨어진 집부터 살구꽃이 피었다
 살구꽃은 간지럽게 한 송이씩 차례대로 피는 것이 아니라 튀밥처럼, 겨우내 살구나무 몸통을 오르내리며 뜨겁게 제 몸을 달군 것들이 동시에 펑, 하고 터져 나오는 것이었다

 살구꽃은 검은 눈망울을 단 아이들이 맨발로 흙밭을 뒹구는 한낮에 피는 것이 아니었다
 살구꽃은 낮은 지붕의 처마 밑으로 어둠이 고이고, 그 어둠이 꾸벅꾸벅 조는 한밤중에 손님처럼 가만히 피어나는 것이었다
 그리하여 새벽이 오면 오갈 데 없는 별들의 따뜻한 거처가 되어주기도 하는 것이었다

 살구꽃이 핀 아침이면 마을 여기저기에서 쌀독 긁는 소리가 들려오는 것이었다
 바닥의 깊이를 아는 사람들은 서둘러 아궁이에 불을

지피고, 굴뚝의 깊이만큼 허기진 연기가 모락모락 피어오르면
 살구꽃은 안쓰럽게 몇 개의 잎을 떨구어주곤 하는 것이었다

 그렇다고 해서 살구꽃이 함부로 제 몸을 털어내는 것은 아니었다
 살구꽃은 뜰에 나와 앉은 노인들처럼 하루종일 햇살로 아랫배를 채우며 시간을 조율하는 것이었다
 살구꽃은 제 몸의 모든 기운을 한곳으로 모아 열매를 맺고 난 뒤, 열매가 단단하게 가지 끝에 매달린 것을 확인하고 나서야 안타깝게 지는 것이었다

 살구꽃은 살구나무 아래에서 흙장난을 하며 놀던 아이들의 얼굴 위로 지는 것이었다
 그러면 아이들은 풋살구를 털 때까지 얼굴 가득 버짐 같은 살구꽃을 달고 잠이 드는 것이었다

물가죽 북

새벽, 저수지를 보면
끈 바짝 조여 놓은 북 같다

야트막한 언덕이 이 악물고 물가죽을 당기고 있어서
팽팽하다

간밤 물가죽에 내려앉은 소리들이 금방이라도 솟구쳐
오를 것 같다

낮고 빠르게 다가온 검은 새 한 마리
둥—
물가죽 북을 울리고 가는 동안

물가죽 북에 이는 파문은
무심결이다

물가죽 북이 울어

소리를 눌러두고 있던 반대편 하늘 가죽도
맞받아 운다

검은 새 한 마리 버드나무 가지에 앉아
그것들 번갈아가며 냉큼 받아 먹는다

세수법

세숫물 받아놓고 물끄러미 물낯을 본다
동글납작한 물낯에 잔주름처럼 물이랑 일어
선뜻 손 담그지 못한다
세수법도 유전인가, 하여 쓰게 웃는다
아내는 물 떠놓고 손 비비냐며 타박이다
그 소리에 아버지 비로소 손 담그신다
아버지는 물결에 흠이라도 날까 어루만지듯
곱게도 물을 떠서 낯을 씻는다
물낯이 아버지의 낯을 그대로 닮는다
얼굴 세 번 닦고 오른손으로 앞뒷목을 두 번 쓸어내는
아버지, 그 세수법을 나는 안다
사르르 언 우물을 길어 올려 물주름 가시는데
무슨 장엄을 보듯 엄숙한 표정으로 기다리던
할아버지의 옹이진 왼쪽 어깨
아침마다 물낯에 비치는 왼쪽 어깨란
오른손에 기대지 않고는 목숨을 닦을 수 없는 장엄함
나는 얼굴 세 번 닦고

오른손으로 앞뒷목을 두 번 쓸어낸다
물낯이 깊은 주름을 접었다 편다
물낯도 유전인가, 어느새 할아버지의 낯이다
아버지와 나의 낯이 한 겹 물낯에 포개지며 동글납작하다
물낯에 흠결 가지 않게 어루만지듯 낯을 씻는다
아내는 아까부터 눈을 세모로 뜨고 나의 세수를 지켜보고 있다
그 더러운 물로 입안 헹구기만 해요! 라는 아내의 말이
뒤통수에 모질게 박혀있음을 안다
그러나 나는 물낯의 잔주름 몇 가닥 건져 올려
입안에 넣고 우물거린다
내 세수법이 못마땅하리라는 건 나도 안다
하지만 아내여!
이것이 내게 유전한
麗水本 水刻板 洗手法이다

스윽, 지나간다

늦은 귀가길
모퉁이에서
칼을 쥔 소년들을 만났다
주머니의 멱을 딴 소년들이 후후 콧노래를 불면서
어둠 속으로 스며들었다

사라진 소년들의 발자국을 하나씩 줍는다

아카시아 껌을 씹으며
주머니에 손을 찔러 넣고 후후 아카시아 좀 휘파람을
불어본다

주머니가 두둑한 건 배짱이 담긴 탓이다
짤랑짤랑 흔들면서 돌아보니

나를 닮은 소년들이 한 줄의 낙서처럼
스윽, 지나간다

배꼽이 피었더라지

배나무 밭에 배꼽이 피었더라지
가지마다 알몸의 처녀들이 다닥다닥 맺혀서
하늘을 향해 배꼽을 열어 놓았더라지
화반花盤이 너무 환했던 탓이었다나
젖가슴이나 허벅지 같은 것들은 하나도 보이지 않고
오로지 배꼽만 툭툭 불거져 있었더라지
배꼽을 열면 그곳은 아기집
발광하며 꽃잎 뭉개는 저 벌떼들 좀 보라더라지
울음으로 솟구쳐 올라
바르르 몸서리치며 잦아드는
저 꽃술의 오르가즘을 좀 보라더라지
달콤한 비린내를 개개 흘리는 동안
유전의 꼭지에 동정童貞의 열매가 맺혔더라지
배나무 가지들이 휘청거릴 만큼 실하게
한아름 안고 있었더라지

제2부

귀울음

작은 늪에 새 떼가 앉았다
늪이 울컥
하며 몸이 한쪽으로 밀린다

북방에서 온 새 떼는 부리가 붉다
날갯죽지 안쪽에 북방의 바람이 남아있는 듯
일제히 나래를 펴
수면이 자욱하다

개중에 가장 늙어 귀 어두운 새가
목을 빼들고 곡을 한다
북방을 향해 길고도 마디진 곡을 한다

작은 늪이
온통 북방의 언어로 술렁거려
밤새 뒤척이며
꿈의 온 페이지에 그 말을 받아 적는다

진통이라는 말

국어사전을 뒤적여 진통陣痛이라는 말을 찾아본다
진토塵土와 진통鑛痛 사이에 그것이 있다
(내가 가진 국어사전에는 그렇다는 말이다)
이를테면 먼지투성이 흙바닥을 뒹굴며 아픔을 견뎌내는 그런 형국이다
공교롭다
낱말과 낱말 사이의 이 끈끈한 결속력이란

이른 새벽 산등성이 위로 간지러움 같은 빛 무리가 오글오글 무리지어 기를 쓰며 올라오는 것
그 무렵 낮은 풀잎에 맺힌 이슬이 동글동글한 몸을 굴리며 스스로를 증발시키는 것
풀잎의 그림자가 겹겹으로 교차하며 좀 더 짙어지려는 것
바람이 스칠까 말까 망설이는 것
망설임이 허공에 파문으로 밀리고 밀리어 배추흰나비의 날개를 활짝 펼치게 하는 것
펄럭임이 둥글게 무늬를 만드는 것

안과 밖이 모호한 그 무늬를 창문 이쪽에서 숨죽이며 지켜보는 것
 혹— 하고 숨 내쉬는 것
 자궁문이 벌어지면서 갓 타래져 나온 빛의 길이 우주의 이쪽 끝에서 저쪽 끝까지 환하게 트이는 것
 태아의 정수리가 세상의 경계를 조심스럽게 타진하는 것
 신생아의 첫 울음이 우주에 거룩한 소리를 만들어내는 것
 마침내 아내는 어머니가 되고 그 모든 순간들을 나는 진통이라는 말로 감사하는 것

 그리하여 나는 국어사전에서 진통이라는 말을 삭제하기로 한다
 진통이라는 말을 어머니들의 먹장 가슴에 훈장처럼 달아드리기로 한다

바람의 무늬

밤새 비가 퍼붓고 바람이 불었다
바람이 불고 비가 내렸는지도 모른다
그 사이에서 중치짜리 나뭇가지 하나가 부러졌다
절명은 아니고 간신히 걸쳐놓기만 했다
임종을 지키듯 다른 나뭇가지가 품고 있었다

동틀 무렵 바람이 그쳤다
지붕 한쪽을 덮칠 듯 걸쳐진 나뭇가지를 베러 올라 갔다
사다리가 닿지 않은 높이여서
송곳니 세운 톱을 환도처럼 허리춤에 차고
직접 나무를 타기로 했다
두 팔로 나무의 둥치를 껴안는 순간, 두근거렸다

제풀에 놀라긴 했을 것이다
뚝 꺾인 마디 하나쯤 아까워서가 아니다
그럴 수도 있겠구나 싶어서
보이지 않는 바람에게도 질주하고 싶은 길이 있어

그동안 그 길 막아놓고 있었구나 싶어서
미안한 마음에 철렁, 했을 것이다
그래 스스로 마디 꺾어 바람의 길 터 주었을 것이다

베어낸 나뭇가지에 무늬가 새겨져 있었다
나뭇가지와 충돌의 순간에 보여주었던 그 표정들 그대로
바람의 무늬가 둥글게 각인되어 있었다
그 바람을 맞으며 나뭇가지는 자랐을 것이다
허공에서 바람의 길을 가로막아 놓고
전속력으로 투신하는 바람의 무늬를
온몸으로 받아내면서

나무

나무에게도 그리움이 있다는 걸 안다

그렇지 않고서야
베인 자리에 저렇듯 너울이 일어
겹겹이 바깥으로 밀려나가는 둥근 물결이 있으랴

그렇게 어디로도 가지 못하는 그리움들이 기어코 제 살 가죽을 찢어내
허공에 뼈를 세우듯
한 가지 두 가지 사방으로 뻗어나간다

새 한 마리
바람 한 타래에 실어 보낸
그리움의 정령을 따라
다 저물녘에 숲에 든다

멀리까지 뻗어나갔던 나뭇가지들이

비밀 결사대처럼 은밀하게 심장으로 모여들어
또 하나의 너울을 일으키는 동안

움찔, 내 몸에서도
살가죽을 찢고 나오려는 그리움들이 뼈마디를 곧추세운다
새 한 마리 훌쩍 날아오른다

코끼리 무덤

겨울 숲에 가서 코끼리 무덤을 보았다
상앗빛 고사목들이
생전의 모습 그대로 꼿꼿하게 박혀 있었다
코끼리들은 왜 능선에 와서 죽는가
코끼리 무덤을 지나며
고사목들의 숨결에 대해 생각했다
어떤 유전遺傳의 나이테가 있어서 나무는
마지막 호흡을 저렇듯
직립의 각도로 세워놓았음에 틀림없었다
산 것들은 갈 수 없다는 무덤을 찾아
한 떼의 코끼리들이
순례의 길을 떠나듯 능선의 등뼈를 밟는다
주술처럼 스스로의 내면에 새기는
소용돌이무늬, 그 안에
이승에서의 족적을 남기는 중이다
뒷걸음치지 않고 묵묵히 내딛고 온 길
오랜 여정에 종지부를 찍듯

산정에서 갈기를 세운 눈보라가
먼 절벽 쪽으로
코끼리의 생애를 밀어낸다
온 생애의 자취를 기억하는 상앗빛 고사목들이
꼿꼿한 자세 그대로 투신하는 지금,
무너지는 건 코끼리의 삶이 아니라 자세이다
저렇듯 장엄한 밀렵의 자세라니……
이렇게 내리 사흘 정도만 폭설이 내린다면
겨울 숲은 적막할 것이다
비석 하나 세우지 않은 코끼리 무덤처럼
겨울 숲에 와서 절명한
고사목들의 종적도 묘연해질 것이다

뒤축을 꺾다

 신발을 사면 즉시 뒤축을 깔아뭉개는 버릇이 있다
 뒤꿈치를 벌겋게 벗겨대는 못된 성미를 눌러놓자는 계산에서다
 한 번만 뭉개놓고 나면 그 다음부터는 발끝만 닿아도 숙일 줄 안다
 그렇게 눌러놓은 신발 뒤축이 여남은 켤레나 된다

 뒤축 뭉개진 신발을 신고 나가는 날이면 하루가 참 가뿐하다
 힘센 놈 앞이라면 나는 하시라도 망설이지 않고 깊숙하게 숙일 수 있다
 밟아 뭉개지 않아도 미리 납작하게 밟혀줄 만반의 준비가 되어 있다
 그럴 때면 내게 뒤축이 없다는 게 얼마나 다행인지 모른다

 그래서 매일 아침 신발장에 가지런히 숙이고 있는 뒤축

을 쳐다보면 여간 흐뭇한 게 아니다

  뒤축 뭉개져 비로소 내 발에 딱 맞는 신발처럼, 나는 뭉개지면서 생활의 방편을 구할 줄 안다

  아예 밑창과 딱 붙어서 한 몸이 될 수만 있다면 내 생활에 더 바랄 것이 뭐 있겠는가!

  멋도 모르는 아내는 제발 뒤축 좀 꺾어 신지 말라고 타박이지만

  요령껏 뒤축을 꺾어 신을 줄 아는 좋은 버릇을 가져서 나는

  참, 발뒤꿈치가 편하다

노숙

어쩌다 술에 찌든 불구라도 안기는 날에는
더러 행복하기도 했다
그의 자리맡에 귀퉁이도 정갈하게 펼쳐놓고
혹시 덜 삭은 기름내로 그의 고단한 육신이 뒤척일까도 싶어
탈탈 활자들 털어내고 여백으로 맞이했다
그는 내 가슴에 붉은 낯을 대고
내 심장의 문장을 띄엄띄엄 읽어가다가 잠이 들었다
고스란히 전해오던 그의 체온이란
얼마나 여리고 아슬아슬했는지
나는 윤전기를 막 빠져나올 때보다도
솔직히 가슴 설레어
저문 바람이라도 붙잡고 마구 펄럭이고 싶었다
그의 품안에서 나는 따뜻했으므로
몇몇의 노숙을 다음 생生까지 안전하게 보내주었다
그나마 오갈 데 없이
새로운 날을 맞이한 이들에게는

내 귀퉁이 헐어 구겨진 몇 장의 지폐 쥐어주기도 했다
세간내듯 부랴부랴 손 흔들어 보내고
더는 밑자리 덮을자리 마련하지 못해
찾는 이 드물어지매
나 이대로 돌아가려 하니
그래도 마지막으로 딱 한 사람에게만 더
내 몸 부리고자 한다
아까부터 눈독 들이고 있는
저 늙은 넝마에게

아직은 아녀

봄날
장에 나온 할머니들 슬하에 봄나물 펼쳐놓았다
번호표 받아놓은 것처럼 할머니들 나란히 앉아서 졸고 있다
아니다 눈 감고 저승길 더듬고 있다
동무삼아 가는 저승길 맞다 맞다 맞장구치며 고개 끄덕이기도 하고, 혼자씩 골똘한 생각에 한참을 움직임이 없다
그 사이 봄볕은 할머니들 한 분 한 분 호명하며 명부名簿와 대조하고 간다
봄나물들 아직은 펄펄하게 살아 있다며 잎을 세우지만
숨죽인 할머니들 그냥 그렇게 앉은 채로 저승길 떠나버릴 것 같다
노자라도 보탤까 싶어 나물값을 묻는다
눈을 뜬 할머니들, 사자使者처럼 내려다보는 봄볕에 놀라
아직은 아녀, 아직은 아녀
쉰 산두릅처럼 말라비틀어진 손을 들어 사래를 치신다

비렁뱅이 발등에다 불침 놓고 잽싸게 달아나는 개구쟁이
들처럼 볕살이 깔깔거리며 저기까지 달음박질을 놓는다
 슬하에 펼쳐놓은 봄나물 다 팔기 전까지는
 그렇지, 할머니들, 아직은 아닌 것이다

찔레나무

찔레나무 찔레나무
나 하직하면 저 강 건너 야객野客*이나 될란다
꽃은
나 여기 있다 기별할 정도면 족할 터
남우세스럽게 연지 빛은 싫더라
수더분한 흩청 빛이면 알아보는 이 더러 있으리
누가 길을 가다가
하이고 눈꽃 같구나, 하고는
그 꽃잎 끊어내어 손끝으로 살짝 귓가에 눌러 놓으면
나 설객雪客**이라도 된 듯
그 길손 동무 삼아 세상 구경도 제법 할란다
세상 구경에 눈 지치고 어지럼증 일면
길손네 쪽방에라도 세 얻어 살며
안주인 살림 솜씨가 어떤지 타박도 좀 하고
미덥지 못한 걸레질은 내가 솜씨 좀 보여도 좋잖으랴
그러니 고생헌다고 명절 기일 챙길 것 없다
너희들 사는 모양이야 더 될 것도 없고

덜 된다고 한들 층이야 크게 나겠느냐
더러는 저 꼼지락거리는 것들
너희 새끼들 커나가는 것 눈에 밟히기도 하겠지
그런 날에는 찔레뿌리 비벼 꼬아 미투리를 삼고
흰 버선 받쳐 신고 건숭건숭 건너오기도 하리
왔다는 말 않고
담 너머로 너희 사는 모습 오지게 보다가 그냥 돌아가리
서운타 생각은 마라
집 나서면 이미 客이려니
나 죽어서 저 강 건너 들손님이나 되어
오며가며 들여다볼 것이니
왔다고 반겨말고 간다고 잡지 마라
찔레뿌리 미투리 닳고 닳아 못 오게 생겼으면
밤새 눈꽃이라도 피워 기별할 터이니
찔레나무 찔레나무
새순 뜯으러 날 잡아 다녀가거라

* 찔레나무를 일컫는 말.
** 찔레나무를 일컫는 말.

곶감

 무너진 돌담 너머로 꽃상여 지나가네 모든 소리들이 돌담 위에 걸터앉아 꽃상여를 밀어 보내네

 할머니들 평상에 앉아 감을 깎네 세월의 껍질이 끊어지지 않고 둥글게 말려지네 할머니들 말려올라간 눈꺼풀에 감물이 들어 저승길 캄캄하네 무명실로 뒷꼭지를 바짝 쥔 둥근 감이 처마 끝에 내걸리네 꽃상여 지전紙錢들이 거룩하게 나부끼네 거룩한 삶이 마을을 벗어나 알 수 없는 곳으로 가네

 할머니들,
 먼 곳을 바라보네 뒷꼭지 당기는 세월이 멀겋게 말라가네 수의를 입은 듯 세월은 남은 호흡을 토해내고 할머니들 그렇게 가을볕에 말라가네 할머니들 감물 든 손을 쥐락펴락 하는 사이 눈꺼풀 속으로 꽃상여 들어오네

 감이 육탈하는 순간이네

늙어간다는 것

동무 만나 술 한 잔 걸친 외할아버지 늙은 소 몰고 온다
아니다 가만히 보니 고삐도 놓치고 빈손으로 소 걸음에 맞춰 흔들흔들 걸어온다
더도 덜도 아니고 보폭 하나만큼 고삐가 앞에 간다
꼭 소가 술 취한 외할아버지를 모시고 오는 형국이다
제각기 알아서 소는 외양간으로 들어가고
외할아버지는 안방으로 들었다

영감,
외할머니가 새벽바람에 외할아버지를 깨운다
배가 쑥 꺼진 것이
암만해도 어디다가 흘린 모양이요

잠 덜 깬 외할아버지 늙은 소 앞세우고 흘린 것 찾으러 나간다
아니다 언뜻 보면 한뎃잠 잔 술꾼들 새벽바람에 집 찾아들듯 천연덕스럽게 그렇게 그냥 건들건들 걸어간다

어디서 송아지 우는 소리가 들리는 것도 같고 아닌 것도 같은 새벽
 해장거리 없나 두리번거리며, 바쁘지 않게, 늙은 소가 늙은 외할아버지를 이끌고 언덕 너머로 걸어간다

바위를 옮기다

텃밭 한 뙈기 얻어 고랑을 쳤다
고랑을 치며 북을 돋우다보니 텃밭 모퉁이에 박힌 바위가 걸렸다
배추 대여섯 모종이나 고춧대 열 주쯤은 족히 묻을 수 있는 땅이었다

백 년을 가도 뭐하나 열리지 않을 바위, 파내버리자고 빙 둘러 삽을 넣었다
그럴수록 바위는 이를 악물고 깊은 곳으로 뿌리를 내렸다

한나절만에 작파!

헛심만 빼고는 바위에 걸터앉아 고랑을 세어보았다
바위를 피해 두어 줄은 고춧대를 세우고 나머지 고랑에는 배추 모종을 옮겨도 살림에는 넉넉할 것 같았다

텃밭 모퉁이를 바위에게 양보하고 보니 바위를 파낸 흙더미가 바위 안쪽으로 두둑을 이루고 있었다
한나절 삽질에도 꿈쩍 않던 바위가 텃밭 바깥으로 옮겨가 있었다

뚜껑

뚜껑 하나 가지고 싶다네
그 뚜껑 옆구리에 파破 하나쯤 있어도 무방하겠네
내가 그랬던 것처럼
뚜껑 안쪽이 못내 궁금하여
슬그머니 들추어보는 사람 있었으면 좋겠네
그 사람 뚜껑 안쪽에 대고
아―, 하면
아―, 하고
얼마나 깊어요―, 하고 돌멩이를 던져 넣으면
글쎄요―, 하고 한참만에야 텅, 하고 빈 바닥을 울려도 주겠네
기왕 가질 뚜껑이라면
헤픈 솜씨나마 뫼 산山 자랄지 복 복福 자랄지
까막눈이의 솜씨라면 그저 펑퍼짐한 산허리 한 줄 들풀 한 송이라도
다소곳하게 앉아 있는 놈이었으면 좋겠네
그리하여 누군가 그 뚜껑을 툭툭 쳐대면서

이거 우리 집에도 있었는데, 라고 말하며

두어 걸음 걷는 동안만이라도 옛날을 생각해볼 수 있었으면 좋겠네

뚜껑이라는 말이 그저 좋아

제 짝 아닌 놈이라도 하나 얻어다가 턱, 하니 얹어놓고 싶다네

내 안이 넘쳐나도록 뭔가를 담아놓거나

꽁꽁 감추고 싶은 치부가 있어서는 아니네

빈 것이 너무 요란하다고 할까 싶어 그러하다네

혹여 반짝이는 것들로 빈 것을 채워보고 싶은

허술한 마음이라도 들까 싶어 그러하다네

뚜껑을 덮은 첫날은 멋쩍어 자꾸만 손이 갈지도 모르겠지만

곧 오래 써 온 모자처럼 내 테두리는 뚜껑에 익숙해지겠지

그 뚜껑이 제짝처럼 편안하게 느껴질 때쯤이면

볕 순하고 바람 찰찰한 날을 잡아

뚜껑 열어놓고 고스란히 내 품 펼쳐 보이기도 하겠네
그 사이 소나기도 잠깐 내릴 테고
겁도 없이 불쑥 풀씨 한 알 날아들 테고
긴 여정에 지친 살별도 제 집처럼 다소곳이 안착하겠지
개망초 꽃잎은 잠깐 망설일지도 몰라
그러거나 말거나 쓸쓸한 사람들의 목소리와
흘러가버린 시간들이 우— 하고 몰려와서는
새색시처럼 살포시 쪼그리고 앉겠지
한 사나흘이면 빈 것이 찰방찰방 채워질 거야
처음에는 빗물이랑 풀씨랑 다투는 소리가 왈강달강하겠고
쓸쓸한 목소리랑 개망초 꽃잎은 한창 연애질에 빠져 풋풋하겠지
살별은 옛 시간의 품에서 곤한 잠에 빠져 있지 싶으이
그것들 흡족하게 바라보며 비로소 나 뚜껑 닫아버리겠네
그리고는 아주 오래는 말고 무던하다 싶을 만큼만 잊어버리고 묵혀두고 있겠네

누군가 뚜껑 안쪽이 궁금한 사람이 있어
빗장 풀린 대문을 밀어보듯 슬그머니 뚜껑 열어 보는 사람 있겠지
그 사람 무안하지 않게
내 뚜껑은 나선형으로 돌려서 따는 것이 아니었으면 좋겠네
비스캉하게 옆으로 밀어놓기만 해도 좋은
독이나 항아리 뚜껑 같은 그런 오지였으면 좋겠다는 말이네
나에게도 뚜껑이 필요하다면 말이네
양쪽 손잡이가 떨어져나가고 귀퉁이에 땜질자국 같은 것이 보이더라도
뚜껑 안쪽을 몰래 훔쳐보고 싶은
무명저고리 옷고름 정갈하게 매무시한 남도 여자 같은
그런 뚜껑을 가지고 싶다네
이 땅의 흙과 물과 불로 빚고 우리 숨결을 덧입혀 놓은
남도 여자 같은

남도 여자 같은 그런 뚜껑과
배를 맞추어 두고 뒤란 모퉁이 볕 바른 자리에 살림방
한 번 차려보고 싶다네

제3부

문안

한식날 고향마을 선산에 가서 들꽃 몇 포기 캤다
봉분처럼 맺힌 꽃숭어리를 단 그것들을 작은 화분에 옮겨 심고
볕 잘 드는 베란다에 나란히 세워놓았더니
들고 날 때마다
집안 어른들이 그곳에 좌정하고 계신 양
자꾸만 문안을 여쭙고 싶은 것이었다

남도횟집

시청 뒷골목 어디쯤
남도횟집, 물 간 간판을 내걸어 놓은 사내가 있었다
근처에 수산시장이 있었지만
낡은 활어차를 끌고 남해 바다
고향 조카들 같은 가자미와 우럭, 숭어……
밤길 몰래 다녀온다고 했다

언젠가 지나가는 말로
먹고살 만하냐고 했더니, 그 사내
몽당 손가락을 들어 수족관을 가리켰다
알 수 없는 그의 이력처럼
유리벽마다 고향 떠난 물이끼들 떠다니고
주방 한쪽 그가 딛고 선 바닥만큼
작은 도마 위에
날카로운 눈빛들이 가지런히 놓여 있었다
들리는 말에 의하면
한때 ××파 오른팔이었다고 했지만, 그 사내

최고의 생선회를 뜨기 위해
제 팔뚝을 그으며 칼을 갈았다고
서툰 재단사의 재봉선 같은 상처를 보여 주었다
몽당 손가락 끝 보이지 않는 상처 속에서
고향 앞바다 한 접시를 꺼내 놓았다

온몸 가득 상처를 입고도 아직 살아 있는 광어 한 마리

그 사내
지금도 고향 앞바다 거친 물길 같은 뒷골목
남도횟집, 물 간 간판을 내걸어 놓고
고향 동생들 같은 도다리와 농어, 도미……
밤길 몰래 다녀온다는 소식을 가끔 듣는다

빨간 모자를 쓴 사내

바람이 불어 흔들릴 때마다
빨간 모자를 쓴 사내, 제 발밑에 구름 떠 있는 줄 모르고
휘이익— 휘파람을 불었다 옆구리에 걸어놓은 물동이에서
비눗방울 몇 개 비명처럼 날아오르고
그래도 믿는 건
하늘 어디쯤 매달린 동아줄 한 가닥
그는
먼지 앉은 유리창을 힘주어 닦는다

언제나 아래로만 내려가는 삶
더러는 윤기 나는 생활을 꿈꾸기도 하면서 그 사내
삶과 죽음의 경계를 닦는다
세상의 얼룩은 찌들어만 가는데
삶은 왜 이렇게 가벼워지기만 하는 걸까
닦고 또 닦아도 선명해지지 않는 얼굴이 있어
가만히 들여다보면

거기, 간신히 매달려 있는 낯선 사내 울 듯 말 듯
그 사내 서둘러 마른걸레로 훔쳐낸다
누가 그에게 동아줄을 내려주었을까
가끔씩 허리를 묶은 동아줄을 확인하면서…… 제 삶을 확인하면서
그 사내
비눗방울 같은 휘파람을 분다
또 한 번 줄을 풀고 내려가면
거기에도 흐린 얼굴 하나 떠 있을 거야
흔들리면서 그 사내 바람이 된다

걸레질을 멈추고
잠깐 생각의 끈을 놓았을 뿐인데
빨간 모자를 쓴 사내
어느덧 구름 위에 떠서…… 휘파람처럼 메아리 없이 떠서
그의 삶처럼 습기 많은 먹구름을 닦고 있다

도배를 하다가

도배를 한다
방 보러 와서 잠깐 마주쳤던, 전에 살던 젊은 부부처럼
등이 얇은 벽지를 벗겨내자
한 겹 초벌로 바른 신문이 나온다

나는 전에 살던 젊은 부부가 떠나던 날을 기억한다
벽지 뒷면에 바른 묵은 신문처럼
쉽게 찢어지는 청춘을 내면 깊숙이 묻어두고
돌아서던 그들을 향해
나는 하마터면 손을 들어 작별인사를 할 뻔했다
그들은 한 번도 웃어본 적이 없는 사람들처럼
서로의 어깨를 감싼 채 트럭에 올랐다
사내는 말이 없었고
아이를 안은 여자는 자꾸만 고개를 숙이고 있었다
일 톤 트럭 짐칸을 반 넘게
쓸쓸함으로 채우고 떠난 그들은
세면대 위에 닳은 칫솔 하나를 남겼다

얼마나 많은 날들이 그 위에서 저물어갔던지
칫솔모는 빳빳했던 기억들이 주저앉아 있었다

새로 사온 꽃무늬 벽지를 자르고
풀을 먹여 벽에 바르면서
나는 벽지 뒤로 사라지는 그들을 보았다
분명 한시절을 총총히 걸어왔을 각오들이
빛바랜 배경으로 시무룩이 사라지는 것이었다

작은 손

1

정말로 한 번 만져보고 싶게 작은 손이었다

2

싸락눈이 내리는 저녁
우리는 우리들의 이야기로 즐거웠다
누군가의 농담에 모두들 과장된 표정으로 웃어주었고
그것만이 우리의 저녁을 아름답게 장식한다고 생각했다
문득, 섣불리 말할 수 없는 축축한 것들이
우리들의 배경으로 남아 있다는 것을 깨닫기 전까지는

어떤 이는 전화를 하러 눈치껏 자리를 뜨고
그 옆자리 친구는 화장실에 간 뒤 돌아오지 않았다
우리들은 빈자리의 쓸쓸함을 애써 외면하려는 것처럼
문이 열릴 때마다 눈길을 돌리곤 했다

그때마다 낯선 얼굴을 만나고는 서둘러
쓰디쓴 눈물빛 술잔을 비웠다
갑자기 세상이 시큰둥하게 보이는 저녁이었다

무서운 속도로 쌓아놓은 빈병들을 보며
가끔씩 던지곤 하던 농담도 시들해져갈 무렵
창 밖으로 함박눈이 내렸다
우리들은 다시 활기를 띠며 눈에 얽힌
적어도 한 번쯤은 들어보았을 이야기들을 나누었다
그것이 사랑이든, 낭만이든,
아니면 진부한 자유이든, 상관이 없었다
우리는 여전히 즐거웠으며
즐거워하지 않으면 견딜 수 없는
조바심 나는 저녁이었으므로

또 한 친구가 소리 없이 사라졌다
우리들은 감추어 두었던 속내를 더욱 단단하게 여미며

썩 괜찮은 농담을 찾기 위해 침묵을 지켰다
침몰하기 직전의 선장처럼 우리는
어떤 결정이라도 단호하게 내려야 할 순간이었다
그러나 함부로 발설할 수 없는 비밀이 있는 것처럼
창 밖의 함박눈은 우리들을 비껴서 내렸다
서너 걸음 앞에 놓인 영정 사진 한 장으로
우리들은 충분히 괴로워하고 있었으므로
삶의 변두리로 밀려나는 것쯤은 대수롭지 않다고 생각
했다
빈병들은 쓰러졌고 아직은
채워지지 않은 잔들이 우리들 앞에 남아 있었고
감당하기 벅찬 날들은
더 이상 우리들을 거들떠보지도 않는 나날이었다

3

남자의 손을 보았다

지하보도에 엎드려 있는 남자의 손은 작았다
제 목숨조차 스스로 거두지 못한 친구의 손처럼, 세상 어느 것 하나
온전히 제것으로 움켜쥘 수 없을 만큼 작은 손
그 작은 손 위에 놓여진 동전 개수만큼 침침한 저녁이었다

힘의 균형

1

龍 한 마리 보았다
龍은 냉탕과 온탕을 번갈아 드나들며
눈부시게 빛나는 푸른 비늘을 자랑하고 있었다
龍 주변에는 전갈이나
코브라 같은 맹독류들이 눈을 부릅뜬 채
한중막의 폭염을 견뎌내고 있었는데
그것들은 제가 떠나온 사막을 그리워하는 것처럼
가끔씩 어푸어푸 가쁜 숨을 내쉬기도 하였다
一心과
화살 꽂힌 심장과
착하게 살자는 욕망은
벌겋게 달아오른 몸으로 샤워기 앞에 서서
오래오래 비누칠을 하였다
가끔은 눈가를 훔치며 몇 방울의 눈물을
비누거품 속에 흘려놓기도 하였지만

그것이 참회의 눈물이 아닌 것만은 확실했다
우연히 혹은 정기적으로 찾아온 사람들은
아무것도 빛날 것 없는 제 몸을
피멍이 지도록 닦아대다가
갑자기 약속이라도 생각난 표정으로 슬그머니 사라졌다

2

비쩍 마른 반바지 사내가 들어와
두 팔을 허리에 척 걸치고 龍을 불렀다
마침 온탕에 들어앉아 나른하게 졸고 있던 龍이
눈을 번쩍 뜨며 쪼르륵 달려와
반바지 사내 앞에 넙죽 엎드리는 것이었다

다도해

마을에서 바다가 가장 잘 보이는 집
그 집에 가면
막 건져놓은 모시조개 속살 같은 처녀가 있다
살짝 엿보면 물이 뚝뚝 흐르는 처녀의 머리채에서
어린 새우 떼가 허리를 틀며 뜀을 뛰고
눈썹까지 해안선을 끌어당기는 해당화가
담 밑에 불량하게 모여 서서 처녀를 희롱하고 있다
처녀는 하루 종일 라디오를 크게 틀어놓고 조개를 까며
가끔은 뭍으로 너울 같은 편지를 쓴다
일주일에 한 번씩 스쳐 가는 연락선이
소금에 절인 소식들을 모래알처럼 쏟아내면
절로 마음이 수평선으로 기우는 처녀는
유행가 가사를 따라 외우다 말고
맨발로 파란 대문을 나선다
그때마다 처녀의 발밑으로
종아리보다 붉은 동백꽃이 뭉텅뭉텅 떨어져 내리고
간밤 밀물 든 자리

부치지 못한 편지처럼 곱게 앉아 있다
더러 철 지난 폭풍주의보가
며칠씩 낯선 이들의 발을 묶어두기도 하는 남해 바다
바다가 옷 벗는 소리를 대청마루에 매달아놓고
파란 대문까지 기어오르는 미역줄기가
아침저녁으로 식탁에 오르는 집
우리는 섬으로 앉은 처녀를 만날 수 있다

연꽃무늬 文身

지금은 이모가 되었을 것이다
봉산동 큰언니라고 불리던 그 여자
생각난다
내소사 연꽃무늬 문살을 마주한 순간
불경스럽게도 나는
허허롭던 겨울밤의 짧았던 정사情事를 떠올렸다
오른쪽이든가 왼쪽이든가 기억은 흐릿하지만
엉덩이 한가득 피어 있던 연꽃 한 송이
밤새 퍼내도 마르지 않는 우물을 가진 그 여자
서툰 두레박질로는 어림없지
보이지 않는 뿌리를 우물 속에 뻗어놓고
풋내 펑펑 풍기는 벌나비를 유혹하던
연꽃무늬 文身
그 여자 지금은 이모가 되어
구멍 송송한 제 몸이나 다독이며 살고 있겠지만
혹시 모르지
꽃 진 자리가 아련해서 우물 가운데 뿌리 하나 더 내렸

을지

아니 아니 어쩌면

우물보다 깊은 곳에 괜찮은 씨방 하나 맺었는지 몰라

아무 바람이나 더듬고 간 내소사 연꽃무늬 문살처럼

쉽게 허락되곤 하던 그 여자 연꽃무늬 文身

부끄럽게도 눈을 감고 더듬는다

문득

내소사 문살마다 그 여자 엉덩이가 가득하다

시도 때도 없이 눈물, 동백

툭, 하면 그건 영락없이 눈물짓는 소리이리라
또 저렇게 눈물 쏟아놓고 돌아서는 여자야
선운사 뒷담에 손 짚고 기댄
글쎄, 스물두어 살이라도 온전한 나이는 아닐 것이다
예전에 동백 그늘에서 만난 여자처럼만
꼭 그만큼만 나이를 먹어서 눈물이 많은 여자야
처녀적 손잡고 나란히 바라보던 숲에서
동글동글 쌓아올렸던 돌탑의 높이가 9층이었나
아니면 두어 개의 잔돌을 더 얹어놓았었나
선운사 대웅전 낙숫물이 뚝뚝 져서
그 돌탑을 꾹꾹 눌러놓았었나, 그리하여
눈물이 많아진 여자야
지금은 스물두어 살 여자가 되어 안으로만 다져진
처녀야 처녀야
바람 분다고 처마끝 풍경風磬이 찌륵찌륵 운다
어디 멀리로도 가지 못하고 습한 처마 그늘에서만 운다
한 겹 두 겹 돌탑을 쌓아올리듯 포개어진 소리가 눈물

이란다
    겹겹한 눈물이란, 스물두어 살 여자야
    툭, 하는 소리로 진단다
    시도 때도 없이 툭툭 눈물 떨구고 섰는 여자야
    예전에 우리 쌓아올렸던 돌탑이 9층이었나
    여자야, 잔돌 하나 더 얹어놓았었나 그러다가
    와르르 무너졌었나, 여자야 여자야
    스물두어 살 처녀야

別

누가 울어보기나 하였나
외까풀 둥근 하늘의 눈시울이 붉다
그렁그렁한 어둠이 눈시울 아래 모인다

내가 허락한 사람은
봇짐을 메고 서쪽으로 등성이를 넘는다
그것을 이별이라고 하기에는 오래 낯익은 풍경이다
다만 허락하였으므로
오늘에서야 눈시울 하나쯤 붉어지는 것이다

숫제 갸우뚱거림이다
이제까지의 흔적과 이제부터의 흔적은
검은 도화지에 베껴내는 서로의 내면들이다
저렇게 한 겹 하루의 붉은 얼룩을 떠서 펼쳐놓고
고스란히 젖는 것이 눈시울이다
그리하여 자기로부터 결별이다

외까풀 둥근 처마 아래 아낙의 마음이 저문다
어찌하여 허락하였나
눈시울이 눈시울을 바라보는 거리가 천지간이다
차라리 붉은 눈시울로 울음이나 두어 송이 맺어두었으면……

막 돋아나는
別

우리의 생활

반 지하 월세방에서 이 년을 살다가
시영아파트 열세 평 내 집을 마련해 이사 가던 날
해산을 앞둔 아내가
싸 둔 이불보퉁이처럼 둥근 얼굴을 하고 바라본 것은
책장을 들어낸 자리에 피어 있던 푸른곰팡이

가난한 가장의 외출이 길어질 때마다
질긴 뿌리를 견고한 시멘트벽에 밀어 넣으며
너의 외로움은 꽃으로 피어났구나
더운 비라도 내리는 저녁이면
눅눅한 그리움의 씨앗을 혹처럼 등에 달고
너는 젖은 자리마다 얼룩진 발자국을 남겼구나
네 발자국이 둥글게 그려 놓은 금 안으로
무수한 별똥별이 떨어져 내려 잠시 유숙하는 시간에도
마음은 늘 한뎃잠 자는 나를 향해 열어두고
밤새 벗어날 수 없는 파문을 그렸구나
지난 이 년 동안

내가 빈손으로 잠이 들 때마다
너는 새싹 같은 아침을 준비하고 있었구나

이삿짐이 트럭 위에 실리고
마지막으로 빈방을 둘러보는 아내의 까만 눈 속에
감추고 있던 마음 한 자락,
펴서 마를 날 없는 우리의 생활처럼
물빛 씨앗이 그렁그렁 맺히고 있었다

강가에서

 오늘 아침 저는 또 한 살 먹었습니다 이 나이에 무엇을 할 수 있을까 생각하다가 이곳, 강가에 앉았습니다 강도 나이를 먹는지 강물은 흐르지 않고 갈대숲도 해를 넘기자 허리가 굽었습니다 이쪽 강둑과 저쪽 강둑에는 젊은 날의 그리움처럼 켜켜이 쌓인 물굽이의 흔적들, 괜히 목이 메여옵니다

 흐르는 것만이 제게 주어진 몫인 줄 알았습니다 강이야 또 비가 오면 꿈틀꿈틀 되살아나겠지요 군살처럼 덧쌓인 모래 언덕을 걸어 봅니다 이 모래 언덕도 한때는 팽팽한 몸매로 강바닥을 흘렀을 거라고 믿습니다 할 수 있다면 한 짐 가득 담아오고 싶었습니다

 달거리를 거른 지도 서너 달, 밤이면 알몸으로 찾아와 안기던 푸른 달도 이제는 젊은 강을 찾아갔겠지요 하릴없이 모래성을 쌓아 봅니다 마른 모래는 쉽게 허물어지고, 그곳에 시든 젖무덤 하나 생겼습니다 은어나 피라미들도 이 젖무덤을 비비며 자랐겠지만 지금은 모두들 어디로 갔을까요 강바닥에는 의붓자식들처럼 썩은 나뭇잎들만 남

았습니다

  갈대숲에서 날아오른 새들이 강을 떠나 숲으로 갑니다 나 모르게 젖어 있는 바닥을 걸었을까요 새들의 발목이 시리게 붉습니다 나는 검은 음모陰毛처럼 무성한 갈대숲으로 갑니다 새들이 앉았다 떠난 자리에 깃털 몇 개 떨어져 있고, 아…… 그 옆에 옹알옹알 흘러가는 물줄기 푸석푸석한 내 마음을 가로지르며 어린 생명이 흐르고 있었습니다

풍경風磬 끝에 매달린 물고기나 되어

때가 되면 풍경 끝에 매달린 물고기나 되어
허공에 헛된 꿈이나 솔솔 풀어놓고
나 하루 종일 게을러야겠네
더벅머리 바람이 살살 옆구리를 간지럽혀도
숫처녀마냥 시침 뚝 떼고 있겠네
젊은 스님의 염불 소리를 자장가 삼아
한낮에는 부처님 무릎에서 은근슬쩍 낮잠도 자고
저물녘에 눈곱바람으로 어슬렁거리며 마을로 내려가
식은 밥 한 덩이 물 말아 훌러덩 먹고 오겠네
오다가 저문 모퉁이 어디쯤
차를 받쳐놓고 시시덕거리는 연인들의 턱밑에서
가만히 창문도 톡톡 두들겨보고
화들짝 놀라는 그들을 향해
마른 풀잎처럼 낄낄 웃어도 보겠네
가끔은 비를 맞기도 하겠네
그러다가 비가 그치면
우물쭈물 기어 나온 두꺼비 몇 마리 앉혀놓고

귀동냥으로 얻은 부처님 말씀이나 전하겠네
어느 날은 번개도 치고 바람이 모질게도 불어오겠지
그런 날은 핑계 삼아 한 사나흘 오롯이 앓아 눕겠네
맥없이 앓다가 별이 뜨면
별들 가슴에 무더기로 알을 슬어 놓겠네
그 알들 눈뜨는 날, 밤하늘이 소란하겠지
그렇게 삶을 탕진하다가 내 몸에 꽃이 피면
푸른 동꽃[銅花]이 검버섯처럼 피어오르면
나 가까운 고물상으로나 팔려가겠네
주인의 눈을 피해
낡은 창고에 처박힌 적당한 놋그릇 하나 골라
정부情婦 삼아 늙어가겠네
세월이야 오기도 하고 또 가기도 하겠지
늘그막에 팔려간 여염집 처마 끝에 매달려
허튼 소리나 끌끌 풀어놓다가
가물가물 정신을 놓기도 하고
헛것처럼 오래전 헤어진 첫사랑을 생각하기도 하겠네

그런 연후에 모든 부질없는 것들을
내 안에 파문처럼 켜켜이 쌓아놓고
어느 하루 날을 잡아 덜컥 모진 숨을 놓겠네
글쎄, 이만하면 쓸 만한 사리 한줌은 나오지 않겠는가!

낮달

銀河의 줄기 따라
직녀의 마음 한 조각 떠 간다

꽃댕기 같은……

첫새벽 은핫물에 머리 감다가 떠내려 보낸
그리움 한 조각

제4부

독작

두 홉짜리 소주병을 땄다
병과 잔 사이는 한 치가 못 되었다
그 사이에 삼라만상의 근심이 깊었다
주섬거리지 않고 탁, 털어 넣었다
안주는 오래 물색하였다
달이 떴고 밤새 소리도 펼쳐 있었다
강물의 물비늘 두어 장을 쭉 찢었다
질겅거렸다
두 홉짜리 소주병이 비었다
강물의 수위가 한 치쯤 낮아져 있었다
노을에서 시작하였으나 어느덧 여명이었다
내내 독작이었다

매화차 한 잔에 눈 멀고

지난봄 매화차 한 잔에 마음을 덴 후
매화 눈 보이기만 기다렸다

매화 눈 맺혔다
눈에 불을 켜고 밤새 매화 그늘을 지켰다

벙그러지기 전에
무심한 시선으로 세상빛 흘겨보기 전에
눈꼬리에 색기 번지기 전에
그것들 한 점 한 점 따서 냉동실에 얼린다

끓는 물을 다기에 붓고 매화 눈 하나 띄운다
꼭 감고 있던 매화

눈

뜬다

무심코 바라본 그 눈
눈과 눈의 거리가 꽃잎과 꽃잎의 거리다

나, 매화차 한 잔에 마침내 눈 멀었다
눈 하나 얻었다

따뜻한 유물 화로

발이 차다
정전의 어둠 속으로 잠이 얼어붙는다
쩡쩡, 꿈이 금가는 소리를 들으며
그래도 이 밤
차단한 선로를 잇느라
수직의 전봇대를 타는 사람을 생각한다
도시의 신경을 건드려
불꽃을 일으켜 세우는 수리공들의
곱은 손을 생각한다
호호 입김 불며 먼 곳을 향해
어이 - 소리치는 사람들
불 들어가 - 하고 외치는 사람들
언 밤의 모서리를 밟으며 건너온
그 불 받아
웅크려 잠든 딸애의 발을 감싼다
정전의 꿈속으로 불을 넣으며
문득 어이 - 소리치고 싶다

불 들어가— 하고 속삭이고 싶다
딸애의 잠 속으로
화로처럼
따뜻한 불기운을 넣어주고 싶다

노을, 그 빛나는 그물

또 한 친구의 거덜 난 삶을 매장한다
녹슨 대못을 박듯 탕탕 두드려
땅속 깊이 짧은 생애를 박아 넣고
미처 다 박아 넣지 못한 여생은
둥근 봉분으로 남겨둔다

또 하루의 해가 저문다
일꾼들이 챙겨가지 못한 연장 두어 자루와 함께
둥근 저녁을 맞는 동안
거미 한 마리
서쪽 물목에 촘촘한 금빛 그물을 직조해놓는다
제 삶의 반 바퀴밖에 달려보지 못한 맹목의 영혼이
노을, 그 빛나는 그물에 갇혀 아우성이다

서쪽 하늘이 봉분처럼 둥글게 부풀어 올랐는가!

또 하나의 어둠이 거미의 아가리 속으로

칭칭 감긴 호흡처럼 고스란히 잦아든다

발을 묶다

 누가 발을 묶어 놓았다
 맨발로 들숨과 날숨 사이를 질주하던 한 마리 들쥐의
참으로 단아한 저녁 한때
 딱, 묶어 놓고 그렇게 저물어 갔다

 밤하늘에 반짝이던 숱한 눈망울들이 호기심을 펼치는
새벽
 바람인듯 포르르 날갯짓이 번져
 공복의 참새, 붉은 발목을 또 묶어 놓았다

 날개 안쪽 바람이 다 식기도 전인 스멀스멀한 아침 한때
 들쥐의 눈망울과 참새의 눈망울이 서로를 건너다보는
그 사이에
 좁쌀 몇 알 뿌려진 자리
 한 끼의 은성한 식탁이다

 갉아댈수록 삶을 축내는 고작 좁쌀 한 톨에 대한 식탐

이런만

  그것은 차라리 얌전한 유전의 내림이었으리라
  제 목구멍의 깊이에 알맞도록
  식탐의 부피도 좁쌀 크기로 줄어들었으리라
  한 스무 알 남짓이면
  허기의 자루쯤은 꽁꽁 동여매 놓을 수 있었으런만

  좁쌀 몇 알 구하러 바삐 나서는 출근길
  좁쌀 몇 알이 내 발목을 묶어 놓았다
  누가 하수구 근처에 던져놓은 끈끈이덫 위에
  발 묶인 눈망울 몇 점 좁쌀처럼 뿌려져 있었다

부음

새 한 마리 빠르게 날아와
두어 번 울어주고는
획, 사라진다

부음訃音이다

나뭇가지가 오래 흔들린다
떠나고 남은 자리는 그렇듯 흔들리는 법
앉았던 것들의 체온을 털어내기 위한 몸짓이다

흔들리기 전까지 나뭇가지는
새의 도약을 얼마나 마음 졸이고 지켜보았을 것인가
사뿐히 밀어내는 발길이 심장 쪽으로 전해지고
푸드덕, 하는 날갯짓의 메아리가 잦아들 무렵부터
나뭇가지는
혼신을 다해 흔들리기 시작했을 것이다

제가 거느렸던 그림자까지 거두어가면서
몹쓸 기별만 저렇듯 흔들리게 던져놓은 새 한 마리

우체통에 배달되어온 부고장을 펴보는 날이면
오래 흔들리곤 하였다
내 안에서 그 사람의 그림자가 지워지고
그 사람의 체온이 빠져나간 만큼
흔들림은 내면 깊은 곳까지 휘었다

나뭇가지에 새 한 마리 앉아 있다
두어 번 우는 것을 보니
또 한차례 심정의 바닥까지 흔들리는 날이 있을 것이다

숲으로 가는 곰 인형

눈이 내리자
골목에 버려져 있던 곰 인형 하나
자기가 인형인줄도 모르고 툭툭
어깨에 쌓인 눈을 털며 일어난다
지난밤 갈가마귀가 파먹은 한쪽 눈을 텅 비운 채
이미 골목의 한 풍경이 되어버린 다리 한 짝을 찾아
끼운다 그러나 중심은
늘 어느 쪽으로든 기울어져 있다
숲을 향하여
(숲은 백야의 보드카를 마시는 시베리아나
밤이면 벌목공들이 도끼날을 끼고 잠드는 알래스카
그런 곳이어야 한다)
곰 인형이 느리게 걸음을 옮긴다
이미 굶주린 고양이들이 들쑤셔 놓은 내장들은
 걸음을 옮길 때마다 혼란스러운 기억들처럼 뭉게뭉게 풀려 나와
 골목에는 눈보다 더 따뜻한 목화솜이 떠다닌다

숲을 긁어놓던 야성의 본능은 아스팔트에 닳아
그 끝이 올 풀린 헝겊 조각처럼 흘러내린다
새벽이 오기 전에 곰 인형은 성난 숲으로 가야 하리라
늦은 귀갓길의 아버지처럼 비틀거리며
곰 인형은 숲으로 가는 횡단보도를 건넌다
숲으로 가는 열차를 타고
숲으로 가는 이정표를 지난다
골목에서 숲까지 그리고 숲의 보금자리까지 오는 동안
몇 번의 위험한 순간이 있었지만
그때마다 사람들은 곰 인형의 귀향을 손 흔들어 주었다
마지막으로 곰 인형이 숲에서 거죽뿐인 몸을 부릴 때
문득 눈보라를 일으키며 달려와 멈추는 청소차 한 대
눈이 그치자 곰 인형의 기억에서 숲이 지워진다

한낮

요사이는 머리통깨나 굵은 까마귀들은 거들떠보지도 않는 마당가 그 송장 같은 나무그늘 속으로 막 땅기운에 덴 매미들만 막무가내로 날아들어 쌕쌕 울어쌓는 것이었다

발바닥 까만 계집아이는
햇살이 어쩌면 그렇게도 눈을 치뜨고 노려보는지 당최 알 수가 없어 까무룩 잠이 들곤 하였는데

엉킨 꿈에설랑은 오라비들이 장닭처럼 슬금슬금 뒷걸음치며 어른들 눈을 속이고
어떤 날은 뉘 집 골방에 틀어박혀 끄르륵끄르륵 남모를 이야기들을 속살거리다가 곱게 접은 편지처럼 꽁지털 몇 낱 남기고 날아가 버리는 것이었다

오라비 꽁지털로 머리핀을 삼고 한나절 꿈을 꾼 계집아이는
햇살이 얽은뱅이처럼 소리도 없이 마루 끝에 턱하니 발

끝을 올려놓는 것을 보고서야

  호박씨 같은 눈만 깜박거리면서 차마 울지도 못하고 빈집 뒤란으로 숨어들어 병아리처럼만 쭈그리고 앉았던 것인데

  그때마다 늙은 어머니 치마폭 같은 처마 그림자가 그 좁은 어깨를 다독다독 쓸어내리는 것이었다

  문둥이같이 입 꼭 다문 그 한낮에

좌익

날개가 아니고는 들 수 없다는 섬이다
뱃머리도 대지 못하게 수직으로 솟은 바위벼랑 끝에 고목 한 그루 있다

해풍에 밀리고 밀린 나뭇가지가 왼편으로만 뻗어 있다
섬의 터주로 살아온 갈매기들이 일제히 바다를 향하여 비상한다
고목의 뿌리가 움찔한다

갈매기가 물어다 놓았을 것이다
바위벼랑에 뿌리를 묻은 그 나무는 저도 갈매기인줄만 알아
갈매기들처럼 바다를 향해 뛰어내릴 자세로 날개를 폈을 것이다

하루에도 서너 번쯤은 도약의 자세로 먼 바다를 응시하다가 까마득한 깊이의 제 그림자에 속아 슬금슬금 뒷걸음

질치는 고목 한 그루

   뒷걸음질로도 바위틈에 뿌리를 뻗어두고 늘 바람의 뒤편에서 남몰래 외짝 날개를 부풀려보곤 했다

   지금 저 자세 저대로 틀림없는 좌익이다

족적

  노을을 가로질러 가는 비행기의 완만한 항적이 뉘 집 저녁 밥상에 자잘자잘한 이야깃거리를 준다

  밥알 하나가 목구멍을 넘어가서 별이 되고 한데 뭉쳐서 은하수라도 되었으면 싶은 저녁
  노출 고정된 카메라로 찍어보면 밤하늘은 한결같이 휘우듬하다
  누군가의 목구멍이 행성들의 궤적을 꿀꺽, 삼켜버렸다는 증거이다

  밥상머리에 우북하게 별이 돋는다
  잠깐 앉았다 일어난 밥상머리에서부터 별은 휘어지기 시작한다

  운동장 트랙을 왼쪽으로 도는 족적
  바람을 품었다고 한다
  안쪽은 점점점 점선으로 더듬어 가고 오른쪽은 질질질

실선으로 끌려간다

 뉘 집 가장의 족적이 어둠의 목구멍으로 꿀꺽, 삼켜지는 순간이다

밥상

 어쩌다 아주 드물게 밥상을 받기라도 하면
 무슨 이유에선지 저절로 무릎을 꿇게 된다
 식탁 의자에 앉는 버릇으로 십수 년을 먹고 살았으나
 아직 내 무릎은 할아버지와 겸상을 하던 그 무렵
 아직 숟가락질이 서툴러서 밥알을 질질 흘려대던 그 무렵
 엉덩이를 바닥에 대면 밥상이 눈썹 위에서 찰방찰방하던 그 무렵
 밥 한 술 떠보겠다고 기어이 무릎을 꿇고 젓가락 머리를 밥상에 탁탁 두드리던 그 무렵
 아, 한 끼의 밥상만으로도 하루가 거뜬했던 그 무렵에 대해
 내 무릎은 고스란히 기억하고 있는 듯
 더 이상 무릎 꿇고 밥 먹을 일 없건만
 어디 한정식 집 같은 데에서 밥상을 받기라도 하면
 참 엉뚱하게도 내 무릎이 먼저 꿇고 마는 것이다
 슬그머니 밥상에 경의를 표하고 마는 것이다

첫눈

첫눈이 내립니다

어두운 하늘을
잘 비행하며 내려온 눈이
땅에 닿기 무섭게 미끄덩 자빠집니다

처음이라 서툴러서 그렇지요

그래도 첫 입맞춤 서툴렀던 그때처럼은
금방 녹아내리지 않았으면 좋겠습니다

저물녘

 발 동동 구르는 순간이라고만 해 두자
 누가 멀리서 부르는 소리는 아마도 천 년 전에 외쳤던 그리움이라고만 해 두자
 꽃잎은 풀잎에도 맺히고 돌과 강물과 심지어 등 돌린 시간의 야윈 등뼈에도 멍울져 있을 테지
 그것들이 바람에 쓸려 일제히 몰려가는 곳에 퇴적된 시간의 켜가 굳어 있을 테지
 참으로 활기찼던 하루가 아무런 이유도 없이 스러져가는 것을 망연함이라고 할 텐가?
 차라리 아쉬운 목숨이라도 하나쯤은 질질 끌고 가라고 맨발로 따라 나서는 건 어떠하겠나?
 결국 모든 새들이 날갯깃 아래 부리를 묻고 스스로 어둠에 갇히는 시간이라고 해 두자
 아예 하늘도 지상으로 통하는 문을 닫고 인간의 기도를 외면하는 시간이라고 해 두자
 오직 침묵만이 어둠을 관통하여 천 년 후에까지 닿을 수 있을 테지

눈을 감으면 전생에서 내세로 건너뛰는 삶이 보이기도 한다는데
　아무튼 저물녘이란 고요함만으로는 견딜 수 없는 발광의 순간이라고만 해 두자
　아니 그러하겠는가, 기실은

□ 해설

덧셈의 상상력

이희중(시인, 문학평론가)

 문신은 눈이 밝은 시인이다. 그래서 잘 본다. 그의 시는 이 밝은 눈을 이용한 발견의 기록이다. 그는 삼라만상을 꼼꼼하게 관찰하고 그 결과를 또박또박 적는다. 그의 언어가 움직이는 모양은 차분하고 느리다. 이 차분한 태도와 느린 속도는 읽는 사람에게도 쉽게 감염된다. 읽는 사람도 세상에 이렇게 차분하고 느리게 읽어내야 할 풍경과 정물과 초상이 있었음을 새삼 깨닫게 되는 것이다. 이를테면 시인은 깨어진 유리그릇, 부러진 나뭇가지를 보면서도 골똘히 생각한다. 깨어지기 전 유리그릇의 원만함 또는 완전함 속에 갇혀 있던 무수한 날카로움을 뒤늦게 알아내 놀라기도 하고(「서슬이 거기 있었다」), 거센 바람에 부러진 나뭇가지 또한 생길 법한 사건의 단순한 결과가 아니라, 피해자가 아닌 배려하는 주체로서 나뭇가지의 가공적 인격을

찾아내기도 한다(「바람의 무늬」). 그래서 시인이,

  풀잎 끝에서 물결처럼 찬란하게 반짝이는 것들이 있거들랑 눈여겨 **볼** 일이다

  살아남기 위해 이 악물고 버티는 어린 물고기들이 젖꼭지 빨듯 풀잎을 꼭 물고 늘어지는 것을 **볼** 수 있을 것이다
—「어린 물고기는 풀잎을 물고」 부분

라며 자신이 눈여겨본 것을 들어 독자에게 눈여겨보기를 권할 때면, 물살 드센 날 개울에 나가봐야겠다고 생각하게 된다. 나는 시인이 보았다고 주장하는 것을 시의 앞뒤만 살펴보고도 믿는 편이지만, 이 사례는 유달라서 언젠가 물고기의 생태를 잘 아는 사람을 만난다면 확인하고 싶다. 발견도 발명과 길이 비슷해서 다른 사람이 이미 발견한 것을 재삼 보고하는 일은 의미가 없다. 진정한 발견은 사람들이 대수롭지 않게 넘기는 사실을 대수롭게 보려고 애쓰는 사람의 몫이다.

  자연과학의 발견과 문학의 발견은 좀 다르다. 원래부터 있었으나 '전인미견(全人未見)'의 사물을 본 것이 전자라면, 후자에서는 유비 관계의 발견 곧 새로운 비유적 유추의 개척을 더 중요하게 친다. 문신의 시에서 발견은 이 비유

적 유추에서 빛을 낸다. 보이는 풍경에 비유적 유추를 동원하여 안 보이는 풍경까지 덧붙이는 시인의 손길을 부가의 시학, 덧셈의 상상력이라고 불러도 좋으리라. 이를테면,

참깨꽃 **보면** 오래 묵은 범종 같다
당목撞木으로 두드리면 부처님 말씀이 서 말 하고도 한 닷 되쯤은 쏟아질 것 같다
―「참깨꽃」부분

에서처럼 어떤 꽃을 보았다고 말하면서 시를 시작할 때 단초는 직유이다. 참깨꽃을 본 사람이라면 그 숙여 매달린 모습에서 종을 연상하는 일이 그다지 놀랍다고 생각하지 않을 것이다. 그런데 이 종을 범종으로 한정한 데서 이 시의 각별한 상상은 출발한다. 나무 막대로 이 종 아닌 종을 울리면, 부처님 말씀이 '서 말 하고도 닷 되쯤' 쏟아질 것 같다는 시인의 능청스런 부연은 그 꽃들 속에 준비된 결실의 양과 관련된 것이다. 이어지는 연에서 보듯이 시인이 보는 참깨꽃은 "한 뙈기도 안 되는 비탈밭"에서일망정 "가득" 피어서 그 수가 "일만 송이" 정도로 가늠되기 때문이다. 종에게 당목이라면, 꽃에게는 바람, 이것이 이 시의 비유적 방정식인데,

처라, 바람아

　부처님 설법을 깨알 같은 필체로 옮겨 적어 마침내 팔만
대장경을 일구리라

―「참깨꽃」부분

에 이르러 문학적 산수(算數)는 완성된다. 만 송이에서 팔만 개의 깨알이 나올 터이니, 그 낱알 하나하나가 글자라면 범종의 울림은 대장경이 된다. 처음의 평범한 연상은 정교한(?) 문학적 계산을 통해 심각한 비유적 결과를 낳았다. 참깨꽃 한 송이에 여덟 개의 깨알이 열리는지는 내게 확인할 또 하나의 과제로 남았다. 좀 달라도 큰 상관이야 있겠는가만.

　발견으로 설명될 수 있는 문신 시의 특징은, 그의 시가 일단 고전적 품격을 존중하는 데서 출발하기 때문이다. 이때 고전적 품격은, 글 쓰는 사람이 받들이고자 하는 글의 종류에 대한 태도와 관련하는 것으로써 '정통' 또는 '전통'에 대한 기본적 공경과 숙련의 태도를 가리킨다. 모름지기 소설 쓰기의 바탕은 사실주의 훈련에, 시 쓰기의 근본은 서정 훈련에 있다고 나는 생각한다. 실험적이고 전위적인 예술가는 헤아릴 수 없이 많으나 진정한 성취에서 그들을 분별하게 해주는 것은 고전에 대한 해석적 관점의 깊이

와 '기본기'이다. 이 점에서 젊은 시인 문신은 이 첫 시집으로 '모범생' 기질을 유감없이 보여준다고 할 수 있다. 항용 시인의 첫 시집은 습작기 곧 그의 시가 걸어온 길의 대강과 걸어갈 길도 함께 보여주는 법이다. 문신의 첫 시집도 예외가 아니어서 그가 오래 공들여온 시적 내공의 시원과 내력을 보여주면서, 장차 그의 시가 걸어갈 길의 성격도 펼쳐 보여준다. 내게 그의 등 뒤 풍경과 눈앞 풍경이 각각 독립된 스펙트럼처럼 보이는 것은, 그가 선택할 길이 그만큼 풍요롭다는 뜻이며, 현재 가능태로 존재하는 '움트지 않은 씨의 싹'이 그만큼 많다는 뜻이 될 것이다.

문신은 어떤 시에서 인적이 드문 풍경을 본다. 이때 풍경은 동양화 또는 한국화의 산수도를 닮아 있다. 많은 산수도는 지상의 물건들로 이루어졌으되, 최종적 풍경은 지상의 것 같지 않다. 물건들의 선택과 배치, 그리고 조합에서 전적으로 예술가가 제어한 풍경이기 때문이다. 이번에 시인은 저수지를 보았다.

새벽, 저수지를 **보면**/ 끈 바짝 조여 놓은 북 같다/ 야트막한 언덕이 이 악물고 물가죽을 당기고 있어서/ 팽팽하다// 간밤 물가죽에 내려앉은 소리들이 금방이라도 솟구쳐오를 것 같다/ 낮고 빠르게 다가온 검은 새 한 마리/ 둥-/ 물가죽 북을 울리고 가는 동안// 물가죽 북에 이는 파문은/

무심결이다 // 물가죽 북이 울어/ 소리를 눌러두고 있던 반대편 하늘 가죽도/ 맞받아 운다// 검은 새 한 마리 버드나무 가지에 앉아/ 그것들 번갈아가며 냉큼 받아 먹는다
―「물가죽 북」 전문

여기서 실제 세상에서 일어난 일은 어디까지며, 어디부터가 시인이 만들어낸 이야기일까. 실제 벌어진 일은 기껏해야, "야트막한" 둑으로 막힌 새벽 저수지의 수면을 검은 새 한 마리가 스친 후 옆 버드나무 가지에 앉은 일 정도가 아닐까. 새의 행동이 물고기를 낚아 채는 것이었다면, 나무 가지에 옮겨앉아 새가 먹은 것은 그 먹이일 것이다. 이 '별 일' 아닌 장면을 보고 시인은 차분하고 느리게, 많은 생각을 더 했다. 먼저 저수지에 고인 수면을 '북'으로 보았다. 이는 이 작품의 핵심 상상이 된다. 이 상상 때문에 시각의 세계에서 머물고 말, 이 시의 풍경에 청각 곧 소리를 끌어들일 수 있게 되었다. 그리고 보니 물결 없이 잔잔하게 수평을 유지한 새벽 수면은 "끈 바짝 조여 놓은" 것이라고 볼 수 있겠다. 대개 저수지 둑은 수면과 평행으로 가니 "언덕이 이 악물고" 팽팽하게 당기고 있다고 보는 것도 그럴싸하다. 여기까지는 준비이다. 그저 조금 각별하다고 할 은유에 지나지 않기 때문이다. 이제 새가 나타나 수면을 건드린다. 이 소리는 아마도 '찰싹' 또는 '철벅' 정도였을

것이다. 한데 시인의 귀에 이 소리는 북이 울리는 소리로 들린다. 소리의 세계로 넘어간 상상은 여기서 멈추지 않는다. 이 "물가죽"의 울림이 "소리를 눌러두고 있던 반대편 하늘 가죽"도 맞받아 울리도록 만들기 때문이다. 이렇게 되면 세상은 큰 북 속에 있는 것이 된다. 실제 가죽 북이, 양면에 가죽을 대서 만든 것은 번갈아 두드리라는 뜻이 아니라 한쪽을 두드릴 때 마주 울리라는 뜻이다. 애초 물가죽을 처음 울렸던 '새 한 마리'는 곁으로 물러 앉아 그 소리를 듣는다, 아니 받아 먹는다. 이는 공연한 시적 재롱처럼 보이기도 하지만, '새 한 마리'는 이 시인이 그리는 산수도에서 자주 나타나는 동물이라는 데 유의해야 한다. 새가 없다면 이 풍경이 무슨 소용이 있겠는가. 고쳐 말해, 새조차 없다면 이 시가 이렇게 싱싱하게 살아 있겠는가. 문신의 시는 이렇게 새로운 단위의 발언에 의해 앞선 시상 전체가 출렁거리며 진행된다. 이는 정교하고 세심한 몰입이 없으면 수월하지 않은 일이다.

앞서 말했지만, 문신의 시에는 '새 한 마리'가 자주 등장한다. "전깃줄에 **새 한 마리** 앉아 있다"(「적막」), "**새 한 마리**/ 바람 한 타래에 실어 보낸/ 그리움의 정령을 따라/ 다 저물녘에 숲에 든다", "움찔, 내 몸에서도/ 살가죽을 찢고 나오려는 그리움들이 **뼈**마디를 곧추세운다"(이상 「나무」), "**새 한 마리** 빠르게 날아와/ 두어 번 울어주고는/ 휙,

사라진다"(「부음」) 등에서 보인다. "작은 늪에 **새 떼**가 앉았다"(「귀울음」), "갈대숲에서 날아오른 **새들**이 강을 떠나 숲으로 갑니다"(「강가에서」), "결국 모든 **새들**이 날개깃 아래 부리를 묻고 스스로 어둠에 갇히는 시간이라고 해 두자"(「저물녘」)에서처럼 한 마리가 아닐 때도 있다. 이들 시에서도 역시 사람이 잘 보이지 않는다. 각 시에서 풍경의 개요를 찾아보자면, 전깃줄과 그 위에 앉은 새 한 마리(「적막」), 나무 또는 숲과 그곳으로 들어가거나 그 위로 날아오르는 새 한 마리(「나무」), 나뭇가지와 그곳에 앉았거나 떠나가는 새 한 마리(「부음」), 작은 늪과 그곳에 앉아 우는 새 떼(「귀울음」), 강가의 갈대숲과 그곳에서 날아올라 숲으로 가는 새들(「강가에서」) 등이다. 굳이 말하자면, 이들 시에서 사람은 보는 자, 곧 시인뿐이다.

문신의 밝은 눈에 든 것이 사람이 없는 풍경만은 아니다. 사실 더 많은 시들이 산수도보다는 풍속도를 닮아 있다고 해야 옳을 것이다. 시인은 밤길에서 자신의 다른 모습인, 불량기가 있는 소년들을 만나기도 하고(「스윽, 지나간다」), 의인화된 신문지를 화자로 삼아 노숙의 삶을 기록하기도 하고(「노숙」), 곶감과 그것을 깎는 할머니의 모습을 겹쳐 놓기도 하고(「곶감」), 화려한 전력을 지닌 현직 횟집 아저씨의 삶을 구경시켜 주기도 하고(「남도횟집」), 유리창 닦는 사내의 내면을 들여다보기도 하고(「빨간 모자를 쓴 사내」), 젊어 죽은 친구의 빈소 풍경도 보여주기도 하고 (「작은 손」), 목욕탕에서 만난 요란한 문신을 한 남자를 유심히 보기도 한다(「힘의 균형」). 봄날 시장에서 시인은 무엇을 보았는가.

  봄날/ 장에 나온 할머니들 슬하에 봄나물 펼쳐놓았다/ 번호표 받아놓은 것처럼 할머니들 나란히 앉아서 졸고 있다/ 아니다 눈 감고 저승길 더듬고 있다/ 동무삼아 가는 저승길 맞다 맞다 맞장구치며 고개 끄덕이기도 하고, 혼자씩 골똘한 생각에 한참을 움직임이 없다/ 그 사이 봄볕은 할머니들 한 분 한 분 호명하며 명부名簿와 대조하고 간다/ 봄나물들 아직은 펄펄하게 살아 있다며 잎을 세우지만/ 숨죽인 할머니들 그냥 그렇게 앉은 채로 저승길 떠나버릴 것 같다/ 노자라도 보탤까 싶어 나물값을 묻는다/ 눈을 뜬 할머니들, 사자使者처럼 내려다보는 봄볕에 놀라/ 아직은 아녀, 아직은 아녀/ 쉰 산두릅처럼 말라비틀어진 손을 들어 사래를 치신다/ 비렁뱅이 발등에다 불침 놓고 잽싸게 달아나는 개구쟁이들처럼 볕살이 깔깔거리며 저기까지 달음박질을 놓는다/ 슬하에 펼쳐놓은 봄나물 다 팔기 전까지는/ 그렇지, 할머니들, 아직은 아닌 것이다
                                —「아직은 아녀」 전문

노점에서 할머니들이 차려 놓은 봄나물이 그들의 '슬하'에 있다는 말은 정확하다. 무릎 바로 아래에 나물들이 있을 테니까. 손님이 없는 가게 주인들은 볕을 받아 존다. 시인은 이를 보고 저승길을 더듬는다고 상상한다. 이 상상의 길목에서 그들을 비추는 봄볕이 할머니들의 얼마 남지 않은 생애를 점검하고 있다고 본 일은 자연스럽다. 이어 시인이 직접 끼어든다. 아마도 "얼마예요?" 이렇게 말했을 텐데, '노자라도 보탤까 싶어' 그랬다는 소리는 능청이다. 아무튼 이 말 때문에 할머니들은 졸음 또는 잠에서 깨어나 이승으로 귀환하지만 얼른 정신을 차리지 못한다. 어떤 할머니가 했다는 "아직은 아녀, 아직은 아녀"라는 말이 과연 시인이 귀로 확인한 것인지, 시인의 귀가 만든 말인지는 뚜렷하지 않다. 시인은 '손사래' 정도를 보지 않았을까. 할머니들이 아직은 아니라고 손사래를 치는 근거를 시인은 이승의 크나큰 과업, 그 가족들의 생계와 무관하지 않을 할머니들의 생계와 연결하고 시를 마무리한다. 본 바와 같이 덧셈의 시 쓰기는 사람이 없는 풍경에서 뿐만 아니라, 사람이 있는 풍속에서도 작용하고 있다.

무엇인가를 보고 거기에 다른 무엇인가를 더하여 읽는 시인의 습성은 집안에 들어와서도 멈추지 않는다. 「도배를 하다가」에서, 도배를 하려고 헌 벽지를 벗겨내던 시인은 "한 겹 초벌로 바른 신문"을 본다. 이어 기억을 뒤져 예의 덧셈을 시작한다. 시인은 그 초벌 신문지를 발랐을 "전에 살던 젊은 부부가 떠나던 날을 기억"한다. "나는 하마터면 손을 들어 작별인사를 할 뻔했다"는 구절에서 알 수 있듯 시인은 그들 내외에게서 친밀감을 느끼는데, 그 까닭은 "그들은 한 번도 웃어본 적이 없는 사람들처럼/ 서로의 어깨를 감싼 채 트럭에 올랐다/ 사내는 말이 없었고/ 아이를 안은 여자는 자꾸만 고개를 숙이고 있었다"에서 보듯, 그들의 행동과 안색에서 엿보이는 불행의 내력 때문이다. 그렇다면 애초 친밀감은 동류의식 또는 연민과 멀지 않은 감정이었을 것이다. 도배를 하는 그의 눈에는 내내 어떤 풍경이 보인다.

> 새로 사온 꽃무늬 벽지를 자르고
> 풀을 먹여 벽에 바르면서
> 나는 벽지 뒤로 사라지는 그들을 **보았다**
> 분명 한시절을 총총히 걸어왔을 각오들이
> 빛바랜 배경으로 시무룩이 사라지는 것이었다
> ─「도배를 하다가」끝 부분

무엇인가를 보고 그 너머에 안 보이는 것도 찾아내는 눈에 시인 자신은 어떤 모습일까.「뒤축을 꺾다」와「세수법」에 그에 대한 답 비슷한 것이 있다. 이 두 편은 다 자신의 특별한 버릇을 되새기면서 그 버릇을 자랑하거나 고집을 부리는 내용의 작품이다. 앞의 작품에서 시인은, 새 신의 "뒤축을 깔아뭉개는 버릇"을 고백한다. 억센 뒤축에 자신의 뒤꿈치가 상하는 것을 피하려다가 생긴 권할 만하지 않은 버릇인데, 그렇게 뒤축을 애초부터 뭉개버린 신발이 '여남은 켤레'나 된다고 말한다. 더하여, 이런 신발을 신고 나가면, "힘센 놈 앞이라면 나는 하시라도 망설이지 않고 깊숙하게 숙일 수 있"고, "밟아 뭉개지 않아도 미리 납작하게 밟혀줄 만반의 준비가 되어 있"다고 너스레를 편다. 이런 너스레에 이어,

    그래서 매일 아침 신발장에 가지런히 숙이고 있는 뒤축을 **쳐다보면** 여간 흐뭇한 게 아니다
    뒤축 뭉개져 비로소 내 발에 딱 맞는 신발처럼, 나는 뭉개지면서 생활의 방편을 구할 줄 안다
    아예 밑창과 딱 붙어서 한 몸이 될 수만 있다면 내 생활에 더 바랄 것이 뭐 있겠는가!
                                      -「뒤축을 꺾다」부분

라며, 바닥에 납작 엎드린 뒤축을 닮은 자신의 처세술을 당당하게 자랑한다. 이 시를 반어로 읽어야 함은 당연한 일일 텐데, 이 한바탕 반어의 잔치가 사실은 위에 인용한

부분 첫 줄에서 보듯이 "신발장에 가지런히 숙이고 있는 뒤축을 쳐다보면"에서 시작된 것임을 다시 보아야 하겠다. 뒤축을 꺾는 습관뿐만 아니라 보는 습관, 더하여 보는 발견의 습관이 여기에 다시 있다. 가볍다고도 할 수 있을 몸의 고통을 모면하는 순진한 방법에서 자리 잡은 자신의 버릇을 들여다보면서 덧셈을 한 결과가 이 시이다.

세수, 정확하게는 세면하는 방법의 세대 유전을 소재로 하고 있는 시, 「세수법」은 "물끄러미 물낯을 본다"로 시작한다. '물낯'은 원래 '수면(水面)'과 같은 말이다. 시인은 우선 아버지와 함께 세수를 하는 아버지의 '세수법'을 다음과 같이 간추린다.

> 아버지는 물결에 흠이라도 날까 어루만지듯
> 곱게도 물을 떠서 낯을 씻는다
> 물낯이 아버지의 낯을 그대로 닮는다
> 얼굴 세 번 닦고 오른손으로 앞뒷목을 두 번 쓸어내는
> 아버지, 그 세수법을 나는 안다
> ―「세수법」 부분

얼굴을 세 번 닦은 다음 오른손으로 목을 두 번 쓸어내는 이 세수법은 시인에게 그대로 유전되어 있는데, 이 버릇은 사실 할아버지에서부터 시인에게까지 3대를 내려온 것이

란다. 핏줄은 과연 그런 것인가. 시인의 가계처럼 정교하게 형태를 보존하면서 세습되지는 않는다 하더라도, 얼마나 많은 사소한 몸짓들을 물려받고 물려주면서 사는 것일까. 이런 것이 바로 문화, 문명이라 불러야 할 것이다. 이 시를 통해서 확인할 수 있는 문신의 시적 내면은 긍정의 정신이다. 물론 선택 또는 의지 이전의 문제이겠으나, 이 시인의 여러 시편에서 확인되는 특징 중 하나가 가계와 핏줄에 대한 긍정적 시선이다. 전략적이든 사실적이든 요즘 많은 시가 가족에 대한 독설을 도구로 이용하는 현실과 비교해 볼 만하다. 문신의 시에서는 종종 돌아가신 조상의 체취가 불현듯 되살아나기도 하고(「문안」), 자신을 달리 보는 세상의 시선을 끌어올 때 아내가 종종 동원되기도 한다.(「세수법」, 「뒤축을 꺾다」, 「우리의 생활」, 「진통이라는 말」). 문신의 언어가 보여주는 긍정적 세계관은 덧셈의 상상력과 불가분의 관계에 있다. 덧셈을 진행하는 시인의 눈길은 고즈넉하고 손길은 따뜻해야만 할 듯싶다. 세상이 우리의 생각보다 차갑다는 말도 많고, 생각보다 따뜻하다는 말도 맞다. 그는 밝은 눈으로 숨어 있는 세상의 따뜻함을 찾아내는 데 즐거움을 느끼는 유형의 시인이다.

이 글에서 다 밝히지는 못했지만, 문신의 첫 시집 원고를 오래 들고 다니면서 거듭 읽으면서 표시한 갈피가 몇 더 있다. 문신의 상상력은 남북 또는 북남의 경도적 움직임을 보여주며, 나그네의 삶에 큰 애착을 보이며, 더러 그의 시가 일종의 언어적 신비주의를 지향하고 있다는 등의 자잘한 세목들이 그것이다. 이와 같은 특징은 현재 문신의 시에서 그 형상을 입체화하고 해석의 영역을 풍요롭게 하는 데 기여하는 한편, 장차 그의 시가 뻗어나갈 가능성의 촉수를 이루고 있다. 이렇게 아직 설명되지 못한, 또는 설명할 수 없는 개성들이 장차 문신이 행할 덧셈의 재료가 될 것임을 나는 믿는다. 삶의 먼 길을 얼마 전에 출발한 어린이의 미래처럼, 시의 길을 시작한 젊은 시인의 원고지는 아직 다 채워지지 않았으므로 더욱 휘황해 보인다. 새 시집을 세상에 내놓는 기쁜 일을 맞이하여, 많은 독자가 이미 쓴 그의 시를 읽게 되기를 바라지만, 나는 그 밝디 밝은 길을 따라 펼쳐질 문신의 새로운 시가 더 기다려진다.